# 生命探索 彩畫人生

**Step 1** 生命色彩 彩虹筆（和色鉛筆）十種顏色 表示十全十美

**Step 2** 為自己的人生上色 人生彩色自己選擇
第一次三種顏色 表示停看聽
第二次三種顏色 表示真善美

**Step 3** 選自己最喜愛的六種顏色

覺年法師

1961年生於馬來西亞，祖籍廣東清遠，來自一個多元信仰的家庭。
童年時期因對生命的存在產生疑惑，
為尋求生命真義，1987年赴台灣就讀佛光山叢林學院。
四年後，於星雲大師座下披剃出家。
1995年起任職於台灣佛光山宜蘭縣靈山寺；
2003年擔任靈山寺監寺。
致力於實踐及推廣人間佛教生命探索教育，至今已有20餘年。

▶ 榮獲周大觀文教基金會「2021年全球生命文學創作獎章」

心如画师

# 畫出人間真善美

滿謙　佛光山歐洲總住持

**用簡單的筆畫創作，畫出人間佛教的真善美。**

研讀經典多年，對《大方廣佛華嚴經·夜摩宮中偈讚品》云：「心如工畫師，能畫諸世間，五蘊悉從生，無法而不造」感受頗深，人人都有廣大無邊無量的潛能，這顆心無所不能，想要什麼，心都可以成就。只要有心，我們每個人都可成為藝術家，可以隨心所欲的彩畫世間上的山水、景色、花卉、人物、鳥獸等等。

《華嚴經》這段話正好貼切點出覺年法師的心，他來自馬來西亞，在台灣弘法二十六年，安居在宜蘭頭城的山區百年古剎中，雖然深居山林，以慈眼關懷人間，過去多年來一直從事生命探索教育，帶領團隊於海內外推廣熱愛生命多年，影響數萬青年。

不意這兩年他身體違和，罹患疾病，忍受住病痛折磨，沒有悲傷哀痛，而是化疾病為動力，以繪畫安住身心，在病中他努力學習家師星雲大師「一筆字」之精神，以一筆畫延伸畫出人間佛教內涵，希望透過星雲大師的「生命與自然」惜福感恩之真善美的理念，為人間佛教及社會大眾和地球獻上一份微薄心力和祝福。《生命探索繪圖ABC》三冊裡的畫作，於二〇二〇年十二月在中正紀念堂展出，獲得大眾熱烈回響。

《生命探索繪圖ABC》，是覺年法師一筆一畫，畫出他個人生命的願景和愛護地球的宏願，這是人間佛教在佛教界首創系列教材繪圖本。A冊內容由生命之始，從人（動物）畫到生命的共生共榮；B冊則從（春天）的時間季節畫至宇宙空間，思考每個生命都需要時間和空間，是固定的，需要善用。C冊以生命在地球是同體共生為主題，面對全球暖化，氣候變遷，動物植物瀕臨絕種，人類面臨的考驗及傳承價值。覺年法師以星雲大師的人間佛教三好、四給、五和為創作之精神宗旨，透過一幅幅畫開啟生命潛能，鼓勵人勤修戒定慧，並以感恩惜福來共生吉祥愛地球！覺年法師透過繪圖本呼籲生命需要有智慧才能創造美的人間淨土，用簡單的筆畫創作畫出人間佛教的真善美。

這套生命探索教育系列，原稿是黑白的，可讓大家隨意著上自己喜歡的色彩，這是現代類似藝術療癒的抄經本模式，相信會讓全家大小都喜歡一起彩繪人生，我樂於推薦給大眾，一起來畫出人間真善美。

# 一筆畫裡的曼陀羅

覺培 人間佛教讀書會總部執行長

> 每一幅畫，
> 是勇者的寫照，
> 是悲憫的引導。

受到星雲大師「一筆字」影響，作為徒弟的覺年法師創造了「一筆畫」，畫出了他對生命的那份熱情與質樸，更畫出了數十年獨自一人在山中所體會的生命真諦。

這位我所尊敬又佩服的師兄──覺年法師，且不論他接引多少教育界、文化界的人士，單就他能獨處於山中，生活在與蛇為伍的環境，颱風地震，不僅沒有讓他退怯，颱風過後，還成為他收集被風雨摧折過的樹枝最好時機。這些樹枝、石頭在他眼裡都是自然天成的藝術珍寶，他將這些珍寶布置在靈山寺的各角落，久而久之，原本荒涼破舊的靈山寺，被他的巧思整頓得處處令人驚喜。

近二十年來，覺年法師更投入「生命探索教育」的培訓，大自然是學員們的教室，瀑布、溪流、岩石、落葉、樹枝、蟲鳥，無一不是他隨手可得的教案與教材，這位充滿熱情的比丘尼，所畫出來的每一幅畫，在我眼裡，是勇者的寫照，是悲憫的引導。這系列的生命畫冊，值得您細細思索與探討，透過一筆畫的故事，帶您走入「曼陀羅」的美麗世界！

# 生命探索繪圖 ABC 從一筆畫開始生命探索⋯⋯
# CONTENTS

· 兒童版

生命不再迷惑，向亮麗的人生方向前進，專心用心看生命之道。

地球肺腑　默然無語　森林漸失　皆因人為
千年樹木　難以復原

# 受傷森林
## C-1

藍色地球是生命賴於存活的命根，
卻因為承受人類吃喝玩樂而傷痕累累。
翠綠的森林亦因人類的貪欲而消失，
千年的樹木慘遭人為砍伐難以復原。

探索對話
*share*

生命之源　何其無辜
垃圾如山　生靈失怙

# 無奈海洋

C-2

廣闊無邊的生命之泉——海洋，
因為人類製造的垃圾堆積如山，
家庭和工業、化學廢水、油汙導致山河變色。
塑膠棄物千年不腐，化微浮粒處處危機，
海洋生物誤食喪命。

探索對話
share

萬年寒冰　融化為水　地球暖化
令其失家　難以生存　物種消失

# 哭泣冰山
## C-3

人類的食衣住行、吃喝玩樂，

不斷剝奪生態、傷害自然。

這些永無止盡的索求，使養育我們的地球母親難以承受而暖化，

形成溫室效應、極端氣候、萬年冰山消融，南北極生物難以維生及繁衍。

探索對話
share

經貿繁榮　環境失調　文明反撲
身心難安　付出健康　悔之已晚

## 文明代價

C-4

人類的經濟貿易繁榮來自文明，相對的也帶來破壞自然環境的衝擊。

文明能使人類的生活便利，擁有熱絡的交通，世界成為地球村。

病毒隨之傳播感染，也形成複雜的人際關係和生活壓力，

而造成文明病，貪、嗔、痴、慢、疑，身心處於水深火熱，永難於安。

探索對話
share

14

資訊之亂　真假難分　黑白不明
是非混淆　網路霸凌　無遠弗屆

# 科技之迷

## C-5

當今科技日新月異、千變萬化，

人工智能一日千里，資訊爆炸，主觀意識，

網路霸凌、詐騙、犯罪，無所不在。

科技帶給人類便利也帶來反噬，造成真假難分、黑白難明、生命價值觀的考驗。

探索對話
*share*

經濟當道　小人圖利
君子愛財　取之有道

# 資本主義──經濟掛帥

C-6

人的社會向錢看！

「有錢不是萬能，沒錢萬萬不能。」

人活在世上希望趨吉避凶、消災免難、豐衣足食、位高權重，

行住坐臥能有高品質的享受。

為了所需的錢財，

小人千方百計、爾虞我詐、心狠手辣、埋沒良知、偷搶拐騙、壓榨血汗無所不用其極，

君子則資源共享、回饋社會，取之有道及量力而為，創造良善的企業文化。

探索對話
share

七嘴八舌　咖啡一杯　恩怨情仇
人我是非　人生滋味　自我品味

# 無形業力

C-7

民以食為天，食於口欲，

人的身體若沒有了嘴巴，人的生命會如何呢？

而人的行為最難控制的就是嘴巴，

除了能遍嘗酸甜苦辣鹹澀等滋味，也能妄言、綺語、辱罵、造謠、兩舌惡口滿天飛，

製造恩怨情仇、人我是非。

糾纏訴訟、說不明、理不清、剪不斷，但也可以良言留千古。

生命的旅程猶如咖啡，生老病死愛別離，也只能自我品味。

探索對話
share

欲海浮沉　作繭自縛
突破我執　方能自在

# 自我束縛
## C-8

人生有七情六欲，活在世上，經常在欲海翻滾為情境所迷，
執著妄念，亦如井底之蛙，坐望飛鳥過，又似毛毛蟲作繭自縛。
因此，要在欲海解脫而自在，須羽化成蝶，破繭而出，方能自在。

探索對話
share

天災人禍　身心難調　世間所居　猶如火宅

無常迅速　以何為依

# 三界火宅

C-9

世界的人們虔誠祈求平安，但人生本無常。

世間多苦難、天災人禍無所不在，人心難測且世態炎涼。

極端氣候、糧食危機、貿易戰爭、病毒處處，

人心難安，如風雨飄渺，看不見自己生命的前方道路，

也不知未來，更不知依止何方？生命該歸向何處？

探索對話
share

慈航普渡　離苦妙方
回頭是岸　尋找希望

# 歸之舟航
## C-10

人若身心疾病，即就醫治療。

而生命的苦難需要找到正確對治的妙方，

仙丹妙藥是發自內心的肯回頭思量。

看看自己過去所做所為是否正確，而去修正現在的思維言行，

找出自我生命的慈悲和真善美。

探索對話
share

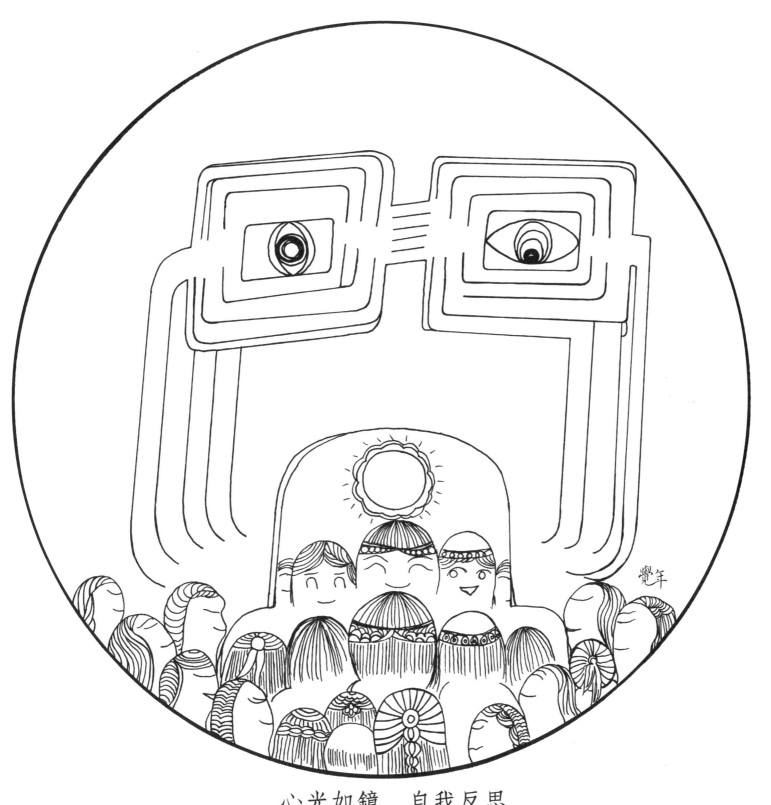

心光如鏡　自我反思
慧眼觀察　方能自覺

# 心境慧眼

## C-11

智慧如眼能看清楚身處何方，看到生命真相。

而肉眼所見皆有盲點，因此要配上正確的心鏡。

頭腦戴上望遠鏡，心戴上放大鏡，做事戴上顯微鏡，

人我是非戴上墨鏡，親友相處戴上老花眼鏡，千萬不可戴上有色眼鏡。

人生方能直看、橫看、左右、上下，十方皆能清楚明瞭，

有心光反映，慧眼所見如衛星導航，

方能去除貪嗔痴，生命不再迷航。

探索對話
share

滴水能量　恩澤萬物　一顆微塵　奈米原子
肉眼難察　虛空世界

# 微塵世界

C-12

微塵雖小能包含萬物，

細菌世界在顯微鏡下才能呈現。

世間的正子、分子、原子、電波、氣流等，皆非肉眼可見，

一滴水、一粒微塵中亦如是，涵蓋水陸空的生物世界奧祕。

探索對話
share

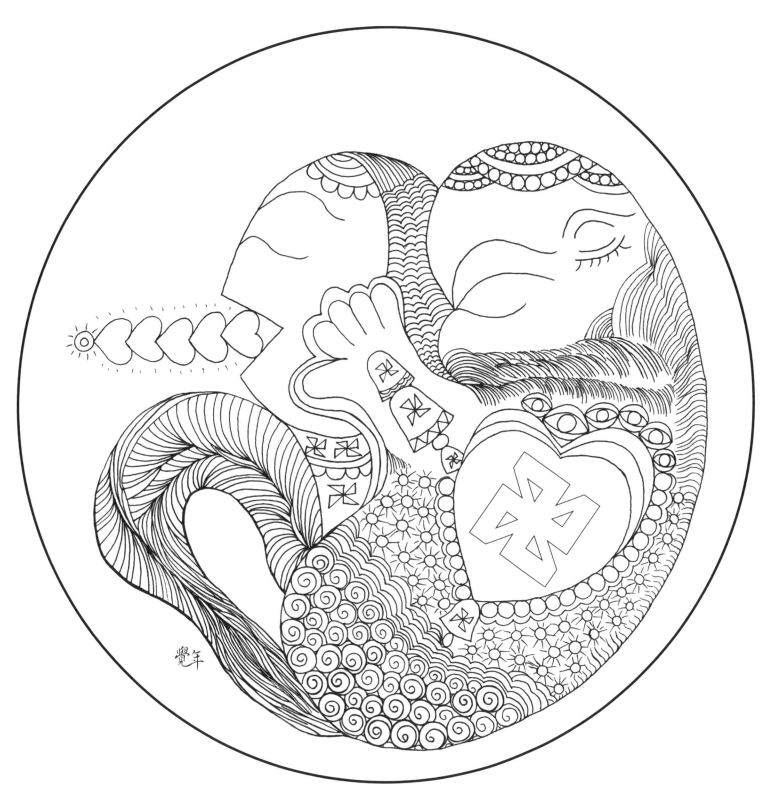

生物細胞　本無差別　生命平等　眾生覺知
慈心善意　心念相通

# 生命覺知
## C-13

地球物種千差萬別，而生物細胞是平等無差別。

其生命覺知亦如是，猶如貓狗等會讀懂人的情感和善意，

也是有貪生怕死的生命恐懼。

因此，若以慈悲善意，對待身邊的人事物，

尊重彼此，生命自然能心意相通，世上萬物皆能和諧。

探索對話
share

生存角度　身心歷練
實踐體證　方知調整

人生很多悲劇遺憾和糾紛是主觀意識所造成。

世上每個生命因生存文化背景形成不同的認知及價值觀,

因而產生人我之間的痛苦煩惱和分別善惡的思維模式。

每種生物都有生存角度,

若能從多重面向、角度去思考,

這猶如人自己看不到自己的相貌及背後,

需要透過他人或鏡子方知,

亦如以針刺身方知痛,身心歷練,方能體悟對方的感受。

探索對話
share

打開心門　覺心連線

心無所求　身心淨化

# 覺性相連

C-15

人生的人、事、物若能體悟對方的感受，

換位思考，即可打開真善美的心門，

與自覺心相連，開啟生命無量潛能，

身心靈淨化而產生蛻變，即能達成：人到無求品自高。

隨之人生一切困境煩惱，

亦如山高豈礙白雲飛，皆能迎刃而解。

探索對話
share

覺年

生命風霜　千錘百鍊　轉為能量　浴火重生

舞出人生　自在飛翔

## 天眼鳳凰

C-16

浴火重生的鳳凰，須承受過無數磨難煎熬。

大樹為之大，須承受風霜，

梅花飄香因有徹骨之寒，潔淨的蓮花是由汙泥培養。

生命有苦難才能凝聚翻轉生命的巨大能量，猶如浴火鳳凰經淬鍊而通身是眼，

達到視覺無障礙，

亦如全方位的攝影機、衛星導航不會迷失方向。

當自己能提升成功時，別忘了為他人舞出分享感恩的人生，

生命方能自在翱翔。

探索對話
share

緣起緣滅　成住壞空
心悟真理　身心安然

# 悟心安然
## C-17

生命的覺醒、人生的真理奧祕，及悟緣起真義，

方能明白一切人事物皆為因緣組合而成，

也會因各種因緣使其離散，沒有恆常不變及永遠的實體，

若能體悟，才能得生命真理的果實，身心意可處事安然自在。

探索對話
*share*

心無牽掛　解脫束縛
禪心和悅　天天開心

## 心花起舞

C-18

人生若能心中無事一床寬，
即「若無閒事掛心頭，便是人間好時節」。
身心安然而無所罣礙，處事光明正大，
即可在五欲塵勞中解脫自在，亦能和眾如見心花朵朵，
開心喜悅充滿正能量。

探索對話
share

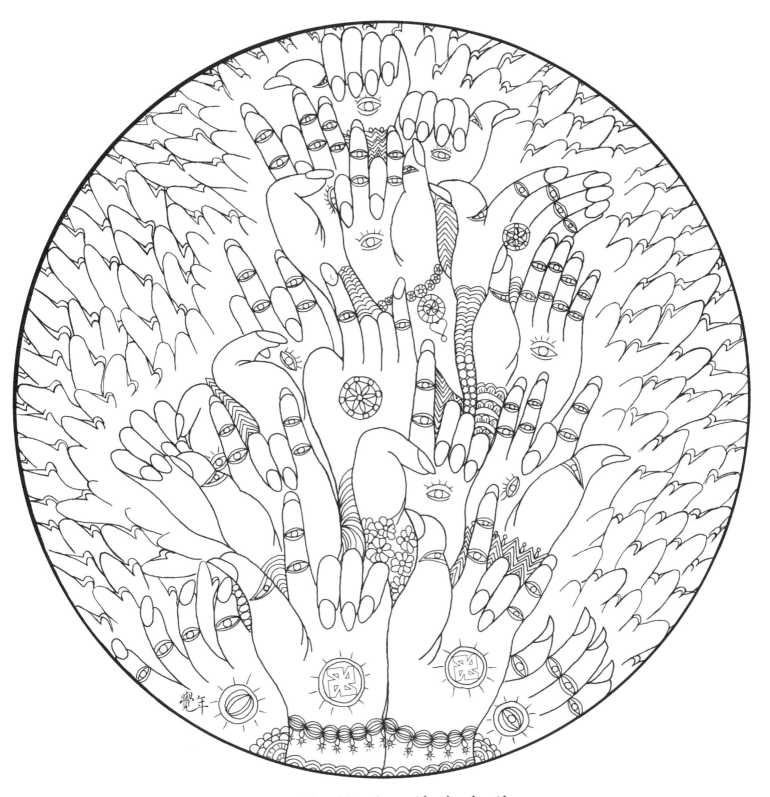

悲智雙運　是非分明
手眼並用　自利利他

# 手中乾坤
## C-19

人命若能解脫自在，猶如海納百川，
方能開啟手中千眼，而達成悲智雙運化現千手千眼，
即可洞澈是非正邪、眼到手到、身心力行而自利利他、自助助人。

探索對話
share

眼觀四方　遊學十方　勇猛精進　福慧增長

終生學習　服務奉獻

# 足行十方
## C-20

人活在世上需要有世界觀，
心懷謙卑恭敬、廣學多聞，
走出去廣結善緣、努力向上，並分享與服務，
方能自助助人而廣修福慧，
為社會奉獻己力，為生命留下真善美的足跡。

探索對話
*share*

心中無瞋　舌出妙香　口業清淨　遠離邪惡
口中無瞋　歡喜讚歎

# 舌燦之花

C-21

處世若能臉上無瞋是供養，親切和善，心中無瞋更是寶藏。

心若無瞋，身口意遠離邪惡，即可身心清淨。

人的口是最難控制，人與人之間彼此不謾罵毀謗、惡口兩舌，

而是說好話、柔軟語，彼此歡喜讚歎，

口中即出妙香，令人舒坦。

探索對話
share

良善溝通　口和無諍　公平正義　同甘共苦
大眾之和　快樂幸福

# 共和之悅

C-22

地球上人類是群居的生物，

有人即有事與非，無論國事、家事。

眾人共事和諧的祕笈是：

透過尊重包容彼此文化差異、真誠有效的溝通模式，

建立公平正義、凝聚共識達成集體創作，

大家同甘共苦、合作共贏，社會和樂，人生才能幸福快樂。

探索對話
share

普世價值　慈悲真愛　災難遠離　世界和平
社會和諧　身心自在

# 眾心之願
## C-23

身心健康、平安喜樂，是世人們所期盼的，
其過程必須自心的喜悅，方能家庭和順；
若每個家庭和順，社會必能和諧，
世間人人都有慈悲心、智慧的真愛，世界必能和平，
不再有戰爭、你爭我奪、弱肉強食，
而是共生共榮，必能減少天災人禍。

探索對話
share

心香一炷　淨化汙濁　心花一朵　展現善美
點亮心燈　燈燈相傳　光照大千　永不熄滅

# 心花一朵
## C-24

在這世界上若每個人都能點燃一炷真理的心香，
必能淨化世間人心的邪惡、醜陋與汙濁。
若能培植善美的心花一朵，
必能為世間展現世間的聖潔與繽紛；
若人人點亮心燈，光光相映，世間不再黑暗；
若能將感恩惜福真善美的心燈，燈燈相傳，
光照大千，普照藍色的大地母親——地球，
世代相傳、永不熄滅，傳遞人性的善良和美麗。

探索對話
share